Durchgänge
Gedichte von 2019 bis 2021

Suche eine neue Erde

Irgendwas ist immer

Segen, Segen, Segen

September 2021
Ursela Bresch

Impressum

Durchgänge - Gedichte von 2019 bis 2021

von Ursela Bresch

© 2022, Ursela Bresch & Hans-Jürgen Sträter

Herausgeber: Hans-Jürgen Sträter (Adlerstein Verlag)

Herstellung und Verlag: BoD – Books on Demand, Norderstedt

Ausgabe vom 15. Juni 2022

ISBN: 9783755784883

Fotos: Ursela Bresch

Adler im Coverbild: Rudi Opper

Inhalt

Suche eine neue Erde

Suche eine neue Erde

Suche

eine neue Erde

mit neuen Visionen.

Packe den Wanderstab

und

suche

zuerst

in mir,

dann in dir

auf ihr

nach

neuen Gedanken.

Ob es hält?

Es ist alles gesagt

Es ist alles gesagt….

Ich höre den Schrei….

Die Ahnung zeigt es mir….

Die Erde bricht gerad

fast entzwei –

Und ich,

Ich laufe auf Seife –

Saturn r quad. Saturn/Pluto t

Auf unruhiger Erde

Dann

laufen wir

auf unruhiger Erde

mit großen Schritten

dir

entgegen

und

und

springen über den Grat

der uns noch trennt:

In Zuversicht

und Mut…

Voll Erwartung

und Hoffnung

mit dem Glanz

des Neuen

gegürtet

Im freien Fall

Im Jetzt

Gaia in Wehen

Gaia,

für wahr

jetzt ist es klar

für alle spürbar:

Du liegst in Wehen

wie im Vergehen

tobst Du Dich aus

braust dich zusammen

und willst nach Haus.

Uns wird es Angst

Uns wird es bange

in deinem Getöse

in deiner Größe:

mitgehangen mitgefangen

müssen wir mit –

erfinden uns neu

ob wir wollen oder nicht

und begleiten dich

(oder du mich?)

Ich bin dabei

erfinde dich neu

tobe dich aus

finde nach Haus

und

tanze durchs Weltall

Und

nimm mich mit

(Ein Orkantief löst das nächste ab)

Morgens um 4

In diesen Zeiten

ist eine Amsel

die Stimme Gottes –

ist der übervolle Mond

ein Zeichen der Hoffnung-

ist der Blick

in die dunkle Nacht

ein Durchatmen im Lauschen-

das Käuzchen

ein Ruf nach Wunder –

in dieser Nacht

in der wir frösteln

- alles umsonst

- alles Gabe

- alles Ahnen eine Zustimmung

zu unserer Verpuppung

morgens um 4

Morgens um 5

Jetzt zeigt sich

wo es hängt

wo es klemmt

wo es anfängt

sich zu wandeln –

gezwungener Maßen……..

im Schein der Corona,

der Corona der Venus

am Nachthimmel

eingebettet ins Große Ganze...

und die Amsel singt

Morgens um 6

Ob ich es überleben werde

wer von uns

weiß das –

Angekommen

im Sitzen,

in den Schultern,

die sinken dürfen –

Angekommen

im Atem

in der Zuversicht

des Ich Bin –

Bin nur noch Ohr

im Lauschen

und

die Amsel singt noch immer

morgens um 6

Auch, wenn es uns übersteigt

Auch,

wenn es uns übersteigt

und uns zu irren Annahmen treibt

ist Hilfe

in diesen Zeiten

keine Mangelware

und nicht mehr weit

Wir sind geführt!

Bin tief berührt..

Jedes Wesen

hat exklusiv

einen Helfer oder mehr im Rücken..

einzulösen

in Momenten der Stille

in Momenten der Entschleunigung

wie im Blitzlicht

plötzlich:

Segen auf allen Wegen..

Mondin, du

Mondin, du,

die du auf den Wolken reitest

voll,

ruhig,

abwartend.

Mondin, du,

die du verschwindest

geheimnisvoll,

anwesend

spürbar

kündest von Licht,

das sich bricht

auf dir

auch für uns

sichtbar

im Zauber

der Geborgenheit

der Nacht,

du wachst.

Mond conj Pluto in Steinbock, Jupiter in Wassermann

So wichtig sind wir hier

So wichtig

sind wir hier,

dass die ganze Maschinerie,

fast…

still steht,

angehalten,

gestoppt

fast,

auf Null gedreht,

fast,

…………………

werden wir

gesund geschrumpft…

Werden wir

gesund geschrumpft?

als Angebot,

als Entwicklungshilfe,

global

nicht regional.

So wichtig sind wir hier.

Aus Baumkronen geboren

Aus Baumkronen geboren

vor Äonen von Zeiten

haben wir

diese Geburt

wieder zu erinnern

– genau jetzt –

Nur das

kann

unser Leben

wieder erneuern

– genau jetzt –

Wir Baumwesen

Wir alle

– genau jetzt –

Die Wölfe sind zurück

Die Wölfe,
die Wölfe
sie kehren zurück
und bringen ans Licht,
was es braucht,
was noch fehlt
zum Gleichgewicht,
zu unserem Glück.

Nimm das als ein Zeichen:
Die Wolfsrudel
kehren zurück
aus ihrer Verbannung,
freiwillig zurück.

Sie holen

aus unseren Tiefen

das Verdrängte

das Verhängte,

das Abgespaltene in unsre Sicht.

Wo sie auftauchen

ruft alles

nach Gleichgewicht.

Sie schärfen

den gemeinsamen Blick

zu unsrem Glück.

14. 5. 2021

Irgendwas ist immer

700
Familienbande I/2

Hab

den roten Faden verloren

obdachlos

in mir geworden

– wieder –

über Nacht

Sterne gesucht

Nebel und Nässe gefunden

kein Verstehen

zwischen

schmerzenden Nervensträngen

wollte dazugehören,

– wieder –

Im System

irre ich herum,

wo sonst Sinn war

ist grad nichts mehr sichtbar

…………………………………………..

Eingebettet ins Größere

gebe ich

dann irgenwie auf….

700
Familienbande II/2

Habe

Fäden entwirrt

Knäuel verloren –

wieder gefunden

neu aufgewickelt

jahrelang

mein Leben lang

verknüpft

pausenlos oft

das Muster gesucht

gefunden gemeint

wieder verloren –

den Sinn

hier und dort vermutet

und wieder

gestochert in Blut

……………

Den roten Faden eingezogen

Die Rollläden zugemacht

Alles Licht ausgemacht

Mir nichts mehr erdacht –

Sitze

in der vollen Leere

in Dunkelheit

im Nichts

in Schwere

schalldicht

jetzt

und spüre nur mich

mehr braucht es grad nicht

Bin raus

Ja verwundet zwar

aber

Zuhaus   4.1.2020

Ich atme wieder

Ich atme wieder

durch mein gebrochenes Herz hindurch,

beginne wieder

und sing` meine Lieder

beginne wieder

und

beginne dort,

wo es gerade hängt,

wo es klemmt

noch beengt..

öffne mich wieder

für Gleiches in Dir

und

bin wieder hier

So wie du

So wie du
horte ich Dinge
und hoffe damit
auf bessere,
andere Zeiten

So wie du
beklage ich Unebenheiten

So wie du
beklage ich
eine unklare Sicht
zu wenig Wasser
zu wenig Licht

So wie du
verstehe ich mich oft nicht
So wie du

Wie ein Versehen

Kein Verstehen

wie zum Vergehen

nur Angst

nur Streit

nur Kampf

nur Leid

Liegt nicht in meiner Hand

wie ein Versehen

wie in einem fremden Land

kann grad nur gehen

Bin überreizt, zerzaust

Bin überreizt

zerzaust:

Zu viele Vögel

flattern in meinem Geäst.

Zu viele Vögel

sitzen in meinem Baum,

zu viele verschiedene.

Kein Wind in Sicht

Regen ist Mangelware

schon so lange –.

Laufe auf schwankendem Boden

Laufe

auf schwankendem Boden

den Kopf im Himmel

die Füße auf der Erde

und dazwischen :

Bangen

Wie zerbrechlich

Wie filigran

Wie schön

ist

das Leben

Suche nach Halt

Suche nach Sinn

ist Arbeit

Leichtigkeit

Freude

im Blick

nicht nur an den Rändern

ist Hoffnung

Dann trotzdem

Dann trotzdem

ja zum Leben sagen!

Den Faden wieder aufnehmen

die Hände nicht verstecken

Den Mund wieder öffnen

die Gedanken nicht verbrennen

Die Hand aufs Herz legen

die Augen nicht schließen

Den Kopf in den Himmel halten

die Füße nicht fesseln

Ja zum Leben sagen

trotzdem

Nicht auszuhalten

Nicht auszuhalten
gerade:

Suche das Gemeinsame
und brüte es aus

Ich bitte dich darum,
die Ohrenstöpsel anzulegen
und mir dann
mit offenem Herzen zuzuhören

Die Wahrheit
ist gerade verdreht
und kaum sichtbar
kaum auffindbar

Der Teppich wird

unter den Füßen weggezogen

Sicherheiten verschoben

Das Leben

wie wir es gestern noch kannten

hat sich verzogen

Was gestern

noch stand

ist heute nicht sichtbar

weggespült

Suche das Gemeinsame

und brüte es aus

Segen, Segen, Segen

Bleib nicht

Bleib nicht

auf Scherben stehen.

Beginne jetzt

zu gehen

Such dir

deinen Raum

Lass Wurzeln

aus den Sohlen wachsen

und werd` zum Baum

Heilen wir

Heilen wir

unsere Zersplitterung

Legen wir uns in unsere Kornkreise

und legen wir unser Puzzle..

Ich verspreche uns:

Diese Mal werden wir hier

fertig!

Leg dein Herz
für C.

Leg dein Herz ab.

Lege dein Herz

in das Herz der Erde.

Lege es auf

Ahornblätter,

gepflückt im Herbst,

– leichtgolden –.

Benetze es mit

Morgentau

und rufe und bitte

Großvater Sonne

um den Segen:

Alles ist gesehen!

Alles ist erlaubt!

Alles Gehörte,

      Gesehene,

      Gefühlte

darf nun

zu Erde werden,

darf nun gehen.

Die Zeit ist reif,

und gesunde….

Dürfen wir Boten sein

Dürfen wir Boten sein?

Vernetzten wir uns und helfen

Fäden zu entwirren

im Großen Ganzen?

Legen wir die Säbel, Messer und Scheren beiseite?

Bieten wir dem Durcheinander die Stirn und

vernetzen uns in Blau und Grün

und

halten den Regenbogen

in dieser Zeit,

in der wir frösteln.

Vielleicht dürfen wir Boten sein,

aber nur gemeinsam.

Vielleicht..

Ich kann es nicht ändern

Ich kann es nicht ändern

Ich kann`s nicht verstehn

Ich kann es nur sehn

Ich lasse los

Es ist zu groß

Nach langer, langer Zeit

Nach langer, langer Zeit

hab` ich den Himmel gerufen

sich zu öffnen

für mich

und dann

kam es

das Licht

Heute Nacht

Heute Nacht

bin ich

im Gebet

ganz sacht

zärtlich fast

darauf bedacht

nur still zu sein

sozusagen

wach zu sein

schwach genug zu sein

das Wesen zu erspüren

das

ich bin

Zu neuen Ufern:

Bin eine Ausgestoßene, nicht länger

Gehöre einfach nicht dazu,

bin eine Ausgestoßene

nicht länger

und doch

bin einfach anders,

bin irgendwie verboten

und doch:

Packe mein Bündel

für neue Ufer

Lote mich selber aus

Norde mich selber neu

und springe über den Grat

im freien Fall

Gehe eins weiter

Ohne BACH

Ohne BACH

wäre für mich

wie

ohne

Wasser und Brot

und

echte Not

Die Deuterin

Die Deuterin
in mir
bin ich
ich allein –
Ziehe die Türe zu
und lausche
regeneriere
und harre

Himmel

Wir dürfen
uns selbst
an die Hand nehmen
um dorthin zu wachsen
wo wir hingehören
Wir dürfen
uns wohl fühlen
Wir dürfen
dort leben
wo wir sind
gewollt sind
wo alles passt
wo wir passen
Und Stille ist
über den Wassern

Habe zugestimmt

Habe zugestimmt
ins Offene
zu paddeln

Habe Leuchttürme
Ins offene Meer
gesetzt –
eine Zielgerade

Habe Inseln
dazwischen
verteilt

Habe den Meeresstürmen
zugestimmt
und
den Sonnenuntergängen
den himmlischen

Habe zugestimmt
mich immer wieder
neu zu erfinden

Und
liebe nun
das offene Meer
und
das Land
das Land…

Zur Autorin

Ursela Bresch wurde 1952 in Freiburg im Breisgau geboren. Sie machte nach einer Handwerkslehre über den zweiten Bildungsweg Abitur. Anschließend studierte sie zur Grund- und Hauptschullehramt mit Schwerpunkt Deutsch und „Bildende Kunst".
Es folgten Tätigkeiten Anstellung in verschiedensten Schulen in Baden-Württemberg und Hessen.
Nebenher ließ sie sich u.a. auch in Traumatherapie, Systemische Aufstellung etc. ausbilden.
Gedichte entwickelte sie bereits mit 16 Jahren als Verdichtung und meist Abschluss einer intensiven Auseinandersetzung mit eigenen Lebensthemen.

LICHTBLICKER

Poesie für Mutmacher

Hans-Jürgen Sträter

ISBN: 9783755753117, 56 Seiten, € 5,00